# Das Ultimative *Frosch* Buch für Kinder

100+ erstaunliche Fakten, Fotos und Frosch-Quiz

Jenny Kellett
Übersetzung Philipp Goldmann

MELBOURNE · SOFIA · BERLIN

Copyright © 2023 by Jenny Kellett

Frosch Bücher: Das Ultimative Froschbuch für Kinder
www.bellanovabooks.com

Alle Rechte vorbehalten. Kein Teil dieses Buches darf ohne schriftliche Genehmigung des Autors in irgendeiner Form elektronisch oder mechanisch vervielfältigt werden, auch nicht durch Fotokopieren, Aufzeichnungen

ISBN: 978-619-264-102-3
Imprint: Bellanova Books

## INHALT

Einleitung ...................... **4**
Frosch Fakten ................ **6**
Frösche vs. Kröten ........ **66**
Frosch Quiz ................... **70**
*Antworten* ...................... **75**
Wortsucherätsel ............ **76**
*Quellen* .......................... **79**

## EINLEITUNG

Liebst du Frösche genauso sehr wie wir? Dann bist du hier genau richtig! In diesem Buch erfährst du allerlei Erstaunliches über diese kaltblütigen Geschöpfe.

Von Giftpfeilen bis hin zu grünen Fröschen erfährst du mehr als 100 erstaunliche Fakten, die dich im Handumdrehen zu einem Froschexperten machen.

Worauf wartest du also noch? Lass uns loshüpfen und alles über diese erstaunlichen Tiere lernen!

**Rotäugiger Laubfrosch.**

# FROSCH FAKTEN

Frösche haben die einzigartige Fähigkeit, ihren Wasserhaushalt aufrechtzuerhalten, ohne Wasser trinken zu müssen. Sie können Wasser über ihre Haut aufnehmen, was sie feucht hält und vor dem Austrocknen bewahrt.

Diese Anpassung ermöglicht es Fröschen, in Umgebungen zu überleben, in denen Wasser knapp ist. Sie erklärt auch, warum sie in einer Vielzahl von Lebensräumen auf der ganzen Welt zu finden sind.

*Ein blauer Pfeilgiftfrosch.*

Frösche sind **schwanzlose Amphibien**, das heißt, sie können sowohl an Land als auch im Wasser leben.

• • •

Frösche sind **Fleischfresser**. Die meisten von ihnen ernähren sich einfach von kleinen Insekten wie Regenwürmern und Spinnen. Größere Froscharten können auch Vögel, Mäuse und Schlangen fressen.

• • •

Frösche sind geschickte Jäger, die ihre langen, klebrigen Zungen einsetzen, um Beute zu fangen. Anstatt aktiv nach Nahrung zu suchen, sitzen Frösche oft nur da und warten auf Insekten oder

*Ein brauner Frosch.*

andere kleine Tiere, die in ihre Reichweite kommen. Wenn sich eine Gelegenheit bietet, streckt der Frosch schnell seine Zunge aus und schnappt sich die Beute mit einer Bewegung. Aufgrund dieser effizienten Jagdstrategie können Frösche Energie sparen und ihre Erfolgschancen erhöhen.

*Ein gewöhnlicher chinesischer Laubfrosch.*

Es gibt drei Arten von Amphibien: Anura (Frösche und Kröten), Caudate (Salamander und Molche) und Caecilia (wurmartige Lurche).

...

Frösche sind in der Lage, eine große Anzahl von Eiern auf einmal zu legen. Einige Froscharten können sogar bis zu 4.000 Eier in einer einzigen Brutsaison legen! Diese riesige Menge an Eiern stellt sicher, dass zumindest einige Eier überleben und zu neuen Fröschen heranwachsen. Dies ist nur eine der vielen erstaunlichen Anpassungen, die Frösche entwickelt haben, um in ihrer Umgebung zu gedeihen.

**Frösche haben große runde Trommelfelle an der Seite ihres Kopfes, die Tympanon genannt werden.**

...

Frösche können keine Farben sehen. Sie sind farbenblind und können nur in Schwarz und Weiß sehen. Trotz dieser Einschränkung sind Frösche in der Lage, ihre hoch entwickelten Seh-, Geruchs- und Hörsinne zu nutzen, um Nahrung zu finden, mit anderen Fröschen zu kommunizieren und Raubtiere zu meiden.

Frösche sind für ihre charakteristischen Augen bekannt, die es in vielen verschiedenen Formen und Größen gibt. Einige Froscharten haben herzförmige Pupillen, während andere viereckige oder eher runde Pupillen haben. Diese einzigartigen Augenformen helfen Fröschen, auf unterschiedliche Weise zu sehen und sich an ihre Umgebung anzupassen.

...

Frösche sind zwischen 1 cm und 30 cm lang.

...

Die Augen und Nasen der Frösche befinden sich auf dem Kopf. Damit können sie atmen und sehe, während der Rest ihres Körpers unter Wasser ist.

Frösche sind in der Lage, die Farbe ihrer Haut je nach Umgebung zu verändern. Dadurch können sie sich besser an ihre Umgebung anpassen und haben eine Art Tarnung, die ihnen hilft, Raubtiere zu meiden und leichter Nahrung zu finden.

• • •

Frösche können im Wasser und an Land gleichermaßen gut leben.

• • •

Wie bei Bäumen bilden sich auch bei Froschknochen mit zunehmendem Alter Ringe. Dadurch können Wissenschaftler ihr Alter bestimme.

*Ein Glasfrosch.*

Leider sind einige Froscharten durch den Verlust ihres Lebensraums, durch Umweltverschmutzung und Krankheiten in ihrem Überleben bedroht. Diese Faktoren machen es für manche Froschpopulationen schwierig zu gedeihen und sich fortzupflanzen. Aus diesem Grund gelten einige Froscharten heute als gefährdet und sind vom Aussterben bedroht. Es ist wichtig, dass wir Maßnahmen zum Schutz und zur Erhaltung dieser gefährdeten Arten ergreifen, um ihr Überleben zu sichern.

...

**Kaulquappen** - oder junge Frösche - haben Schwänze, während erwachsene Frösche keine haben.

*Ein europäischer Grasfrosch.*

*Ein goldener Giftfrosch.*

Der Darwinfrosch lebt in den kühlen Waldbächen Südamerikas. Darwinfrosch-Weibchen legen Eier; die Männchen kümmern sich dann etwa zwei Wochen lang um sie, bevor sie die sich entwickelnden Jungtiere in ihrer Kehle tragen. Wenn sie kleine Kaulquappen sind, springen sie einfach heraus und schwimmen davon.

• • •

Goliath-Frösche stehen auf der Liste der gefährdeten Arten. Durch Viehzüchter und Landwirte verlieren sie schnell ihren Lebensraum.

• • •

Früher benutzten Jäger das Gift von Pfeilgiftfröschen, um ihre Pfeilspitzen damit zu bestreichen.

Der nordamerikanische Waldfrosch ist eine der wenigen Arten, die oberhalb des Polarkreises leben können.

• • •

Die meisten Frösche können nicht in Salzwasser leben. Der Florida-Leopardfrosch kann jedoch in fast vollständig salzigem Wasser leben.

• • •

Die meisten hell gefärbten Frösche sind so gefärbt, um Raubtiere zu warnen, dass sie giftig sind.

*Ein grüner Frosch.*

Frösche gibt es auf allen Kontinenten außer der Antarktis.

...

Die Füße der Frösche sind nicht alle gleich. Die Form ihrer Füße hängt von dem Lebensraum ab, in dem sie leben. Frösche, die die meiste Zeit im Wasser verbringen, haben Schwimmhäute an den Füßen, während Laubfrösche klebrige Ballen an den Zehen haben, die ihnen das Klettern erleichtern.

...

Alle Frösche haben vier vordere und fünf hintere Gliedmaßen an ihren Füßen.

*Ein grüner Laubfrosch.*

Frösche sind mit über 6.000 Arten eine der vielfältigsten Tiergruppen auf unserem Planeten. In Europa sind jedoch nur 45 Arten zu finden.

• • •

Manche Frösche können über das 20-fache ihrer eigenen Körperlänge springen.

• • •

Jede Froschart hat ihren eigenen, einzigartigen Ruf, von denen einige bis zu einigen Kilometern weit zu hören sind.

*Ein italienischer Laubfrosch mit aufgepumpten Stimmsack.*

*Ein Lemur-Blattfrosch.*

Einige Frösche, darunter der Südliche Leopardenfrosch, haben clevere Streifen auf ihrem Rücken entwickelt, die Raubtiere von oben verwirren, indem sie so aussehen, als wären sie keine Frösche.

...

Asiatische Laubfrösche bauen ihre Nester in Bäumen oberhalb des Wassers, sodass ihre Kaulquappen beim Schlüpfen direkt ins Wasser fallen.

...

Bei einigen Froscharten singt nur das Männchen. Die meisten Froscharten haben männliche und weibliche Rufe.

Große Frösche haben tiefe Stimmen, d.h. ihre Rufe sind niederfrequent. Bei kleinen Fröschen ist das Gegenteil der Fall: Sie haben laute, hochfrequente Rufe.

• • •

Frösche singen aus vielen Gründen, z.B. um einen Partner anzulocken, um ihr Revier zu markieren, weil sie wissen, dass sich das Wetter ändern wird (ja, wirklich!), und wenn sie sich fürchten oder verletzt sind.

• • •

Welches Geräusch machen die Frösche in deinem Land? Hupen? Quaken? Nun, das ist überall auf der Welt anders! In Japan heißt es zum Beispiel "kerokero", und in Schweden "kvack".

*Ein Laubfrosch aus Neuengland.*

Froscheier werden auch als Froschlaich bezeichnet.

...

**Kaulquappen bestehen nur aus einem Schwanz und Kiemen.**

...

Wissenschaftler fanden kürzlich in der Haut eines Frosches ein Schmerzmittel, das 200-mal so stark ist wie Morphium.

*Ein Frosch mit orangen Schenkeln.*

Weißt du, was der Hauptfeind eines Frosches ist? Es ist die Umweltverschmutzung! Aber sie haben auch viele natürliche Feinde, darunter Schlangen, Eidechsen, Vögel und andere kleine Tiere.

Manche Frösche fressen sogar kleinere Frösche.

• • •

Der Pfeilgoldfrosch ist der giftigste Frosch der Welt. Die Haut eines einzigen Frosches kann bis zu 1.000 Menschen töten.

• • •

Frösche häuten sich etwa einmal pro Woche vollständig. In der Regel frisst der Frosch seine Haut danach.

*Panama-Stummelfußfrosch.*

*Krabbenfressende Frösche.*

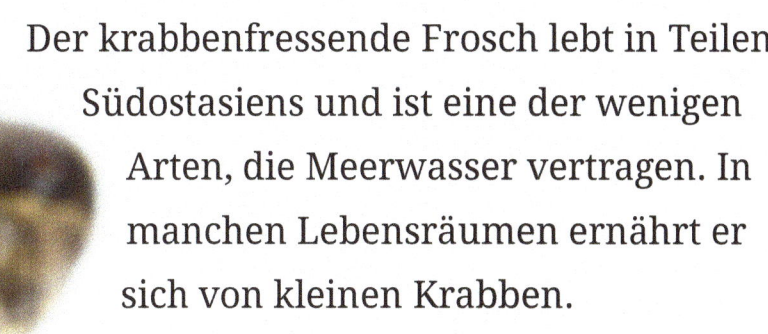

Der krabbenfressende Frosch lebt in Teilen Südostasiens und ist eine der wenigen Arten, die Meerwasser vertragen. In manchen Lebensräumen ernährt er sich von kleinen Krabben.

...

Der in Nordamerika lebende Laubfrosch friert im Winter ein und erwacht wieder zum Leben, wenn das Wetter wärmer wird.

*Ein phantasmatischer Giftfrosch.*

Wenn ein Frosch seine Beute verschluckt, blinzelt er, wodurch seine Augäpfel nach unten gedrückt werden, um die Nahrung in den Rachen zu befördern.

• • •

Der Glasfrosch hat eine durchsichtige Haut, sodass man alle seine inneren Organe sehen kann. Man kann sogar sehen, wie sein Magen die Nahrung verdaut.

• • •

Der Coquí-Pfeiffrosch ist einer der lautesten Frösche der Welt. Seine Stimme kann bis zu hundert Dezibel erreichen - das ist so laut wie ein Rasenmäher.

Die meisten Frösche haben Zähne. Sie befinden sich jedoch meistens nur im Oberkiefer.

• • •

Der Goliathfrosch ist der größte Frosch der Welt. Er lebt in Westafrika und kann so groß werden wie ein neugeborenes Baby.

• • •

Der Wachs-Affenfrosch sondert ein Wachs aus seinem Hals ab, das er mit seinen Beinen über sich selbst reibt. Mit diesem Wachs schützt er seine Haut vor dem Austrocknen in der Sonne.

*Ein rotäugiger Laubfrosch.*

*Ein südlicher brauner Laubfrosch.*

Der indonesische Waldfrosch ist in den Regenwäldern von Borneo und Sumatra beheimatet. Er ist bekannt für seine unverwechselbaren roten Augen und seine Fähigkeit, durch seine Haut zu atmen. Er hat eine dünne, durchlässige Haut, die es ihm ermöglicht, Sauerstoff direkt aus der Luft und dem Wasser aufzunehmen, sodass er längere Zeit unter Wasser verbringen kann.

Um Raubtieren zu entgehen, haben einige Froscharten, wie z. B. der Bindenlaubfrosch im Osten Australiens, blinkende Farben an ihren Beinen und Unterseiten. Wenn sie sich bewegen, lenken diese hellen Farben potenzielle Angreifer kurzzeitig ab und verwirren sie.

• • •

Frösche gibt es in einer Vielzahl von Größen, vom winzigen kubanischen Laubfrosch, der auf eine Fingerspitze passt, bis zum riesigen Goliath-Frosch, der bis zu 32 cm lang werden kann.

*Ein Erdbeergiftfrosch.*

*Ein Borneo-Ohrfrosch.*

Der chilenische Vieraugenfrosch hat zwei Markierungen auf seinem Rücken, die wie zusätzliche Augen aussehen. In Wirklichkeit handelt es sich um Giftdrüsen, die der Frosch Raubtieren zeigt, wenn er sich bedroht fühlt.

. . .

Albino-Frösche sind keine Seltenheit. Wenn du also einen geisterhaft aussehenden Frosch mit roten Augen siehst, mach dir keine Sorgen, er ist nicht krank!

. . .

Manche Menschen glauben, dass man Warzen bekommen kann, wenn man einen Frosch oder eine Kröte berührt, aber das ist nicht wahr!

Wusstest du, dass Frösche eine einzigartige Art zu fressen haben? Wenn sie ihre Beute fangen, können sie ihre Augen tief in die Augenhöhlen drücken, um die Nahrung in den Rachen zu befördern! Diese wenig bekannte Eigenschaft ermöglicht es Fröschen, ihre Mahlzeiten effizient zu verzehren.

...

Hornfrösche haben über jedem Auge einen Hautlappen, sodass es so aussieht, als hätten sie stachelige Hörner.

*Ein wachsartiger Affenblattfrosch.*

Der Katholikenfrosch, der in Australien lebt, erhielt seinen Namen aufgrund des kreuzartigen Musters auf seinem Rücken.

...

Der Wasserreservoirfrosch, der ebenfalls in Australien lebt, schützt sich vor dem trockenen Klima, indem er viel Wasser in seinem Körper speichert, sodass er sehr rund und aufgedunsen aussieht.

...

Die häufigsten Frösche, die oberhalb des Polarkreises vorkommen, sind Waldfrösche.

Diese Arten halten im Winter Winterschlaf, indem sie sich in den Boden eingraben, um nicht zu erfrieren. Wenn sie aufwachen, machen sie sich als Erstes auf die Suche nach einem Paarungspartner.

**Fossilien der ältesten bekannten Frösche wurden in Reservaten der Navajo-Indianer in Arizona gefunden.**

Der kleinste Frosch der südlichen Hemisphäre ist der Goldfrosch. Er wird nur 9,8 mm lang!

Frösche gibt es schon seit sehr langer Zeit! Die frühesten bekannten Frösche lebten in der späten Jurazeit, vor etwa 190 Millionen Jahren. Man nimmt an, dass Frösche ihre unglaublichen Sprungfähigkeiten entwickelt haben, um vor Dinosauriern zu fliehen.

• • •

Der kleinste Frosch der nördlichen Hemisphäre wurde erst vor kurzem entdeckt und hat noch keinen allgemeinen Namen. Sein wissenschaftlicher Name lautet Eleutherodactylus Iberia.

**Ein Java-Flugfrosch.**

*Ein Amazonas-Milchfrosch und ein "Dumpy" Frosch zusammen auf einem Ast.*

*Ein australischer weißer Laubfrosch mit einer Schnecke auf dem Kopf.*

Die Angst vor Fröschen wird **Ranidaphobie** genannt, und die Angst vor allen Amphibien heißt **Batrachophobie**. Aber wir vermuten, dass Sie keines von beiden haben!

• • •

Viele Kulturen glauben, dass Frösche mit dem Wetter verbunden sind. Die amerikanischen Ureinwohner und die australischen Aborigines glaubten, dass Frösche den Regen bringen. In Indien hingegen sollen Frösche bedeuten, dass ein Donner kommt.

**Frösche gelten als Glückssymbol. In asiatischen Kulturen gelten Frösche als Glücksbringer und werden häufig in Kunst und Folklore dargestellt. Wenn du in Japan einen Frosch siehst, kannst du dich glücklich schätzen!**

...

Wusstest du, dass in China der "Mann auf dem Mond" stattdessen als Kröte gesehen wird? Dieser interessante kulturelle Unterschied verdeutlicht die Macht der Wahrnehmung und wie unterschiedliche Gesellschaften Dinge auf einzigartige Weise interpretieren können.

Frösche können nach vorne, hinten und zur Seite schauen, ohne den Kopf drehen zu müssen!

• • •

Das Studium der Frösche (und anderer Amphibien) wird als **Herpetologie** bezeichnet.

• • •

Frösche sind sehr wichtig für die Verhinderung von Krankheiten bei Menschen. Sie tragen dazu bei, die Populationen potenziell krankheitsübertragender Insekten zu kontrollieren, z. B. in Gebieten entlang des Nils.

Frösche stehen in der Mitte der Nahrungskette und sind sowohl als Räuber als auch als Beute ein sehr wichtiger Bestandteil des Ökosystems unserer Erde.

• • •

Laut einer im Juli 2017 durchgeführten Studie könnten Frösche eine Rolle beim Aussterben der Dinosaurier gespielt haben! Nach dem Massenaussterben wuchs die Froschpopulation sehr schnell. Dies deutet darauf hin, dass Frösche von den ökologischen Veränderungen nach dem Aussterben der Dinosaurier profitiert haben könnten.

*Australische grüne Laubfrösche, auch bekannt als Dumpy Frösche.*

*Ein Amazonas-Milchfrosch.*

Wusstest du, dass Frösche die ersten Landtiere waren, die Stimmbänder besaßen? Dank dieser einzigartigen Eigenschaft können sie verschiedene Rufe und Geräusche erzeugen, darunter auch ihr berühmtes Quaken. Diese Fähigkeit hat ihnen geholfen, miteinander zu kommunizieren und ihr Revier zu verteidigen. Auch heute noch sind Frösche für ihre charakteristischen Rufe bekannt und werden oft als Indikatoren für die Gesundheit eines Ökosystems verwendet.

...

Der fliegende Laubfrosch aus Costa Rica kann dank seiner Schwimmfüße, die ihm beim Gleiten helfen, weite Strecken zwischen den Bäumen zurücklegen.

Der in Australien beheimatete
Magenbrüterfrösche hat
eine wirklich einzigartige
Fortpflanzungsmethode. Nachdem
sie ihre befruchteten Eier
verschluckt haben, entwickeln sich
diese im Magen der Mutter, bis sie
bereit sind, geboren zu werden.
Zu diesem Zeitpunkt schlüpfen die
voll ausgebildeten Froschbabys
aus dem Maul der Mutter und sind
bereit, ihr Leben zu beginnen.

**Fliegende Baumfrösche** >

# FRÖSCHE VS. KRÖTEN

Kennst du den Unterschied zwischen Fröschen und Kröten? Sie haben viele Gemeinsamkeiten, aber auch einige wichtige Unterschiede.

Beide gehören zu einer Gruppe von Tieren, die Amphibien genannt werden, was bedeutet, dass sie sowohl an Land als auch im Wasser leben können.

Frösche sind bekannt für ihre langen, kräftigen Beine und ihre glatte Haut.

*Eine Erdkröte.*

*Eine Feuerbauchkröte.*

Sie leben normalerweise in der Nähe von Teichen oder anderen Gewässern und fangen gerne Insekten als Nahrung. Frösche geben außerdem viele verschiedene Geräusche von sich, wie z. B. Quaken, Knurren, Knattern.

Kröten haben kurze, höckerige Körper und trockene, warzige Haut. Sie leben eher an Land und bleiben gerne an einem Ort, um auf ihre Nahrung zu warten. Kröten haben obendrein eine spezielle Drüse hinter ihren Augen, die sie für Raubtiere giftig machen kann.

Insgesamt haben Kröten und Frösche zwar viele Gemeinsamkeiten, aber ihre Unterschiede im Aussehen, im Lebensraum und im Verhalten können helfen, die beiden Arten zu unterscheiden.

**Teste jetzt dein Wissen im Frosch-Quiz!
Antworten findest du auf Seite 75.**

**1** Frösche gehören zu einer Gruppe von Tieren, die wie genannt wird?

**2** Wo verbringen Frösche ihr Leben?

**3** Sind Frösche kaltblütig oder warmblütig?

**4** Welchen Teil ihres Körpers benutzen Frösche, um zu schlucken?

*Ein weißlippiger Laubfrosch.*

DAS ULTIMATIVE FROSCHBUCH FÜR KINDER

**5** Frösche gibt es auf allen Kontinenten außer...?

**6** In welche Richtung kann ein Frosch schauen, ohne den Kopf zu drehen?

**7** Frösche können bis zu wie viele Eier legen?

**8** Kaulquappen atmen mit ihren...?

**9** Erwachsene Frösche atmen mit ihren...?

**10** Schläft der Rotaugenlaubfrosch mit offenen oder geschlossenen Augen?

**11** Welche Substanz befindet sich an den Zehen eines Laubfrosches, um ihm das Klettern auf Bäume zu erleichtern?

**12** Alle Frösche benutzen ihre Zunge, um Beute zu fangen. Richtig oder falsch?

**13** Wie trinken die meisten Frösche Wasser?

**14** Wie werden Froscheier auch genannt?

**15** Woraus besteht eine Kaulquappe?

**16** Was ist der Unterschied zwischen einer Kaulquappe und einem Frosch?

**17** Was hat eine holprigere Haut – eine Kröte oder ein Frosch?

DAS ULTIMATIVE FROSCHBUCH FÜR KINDER

# ANTWORTEN

1. Amphibien.
2. Sowohl im Wasser als auch an Land.
3. Kaltblütig, wie alle Amphibien.
4. Augen.
5. Antarktis.
6. Vorwärts, rückwärts und zur Seite.
7. 20,000.
8. Kiemen.
9. Lunge und Haut.
10. Mit geschlossenen. Er öffnet die Augen, wenn er erschreckt wird.
11. Ein klebriger Schleim.
12. Falsch. Der Afrikanische Krallenfrosch hat keine Zunge.
13. Sie nehmen Wasser über die Haut auf.
14. Froschlaich
15. Ein Schwanz und Kiemen.
16. Eine Kaulquappe hat einen Schwanz, ein Frosch nicht.
17. Eine Kröte

# Frösche
## WORTSUCHE RÄTSEL

| | | | | | | | | | | |
|---|---|---|---|---|---|---|---|---|---|---|
| W | F | K | A | F | D | F | Q | Ä | C | E | P |
| G | B | A | M | V | F | D | R | A | S | I | U |
| C | O | U | P | Ü | Y | T | R | O | Z | E | Ü |
| X | Z | L | H | C | G | D | W | E | S | R | H |
| Ö | D | Q | I | N | Ö | E | W | D | F | C | G |
| C | F | U | B | A | B | Ä | N | Ü | J | P | H |
| Ä | E | A | I | B | T | P | H | A | S | Q | S |
| Z | Y | P | E | V | T | H | F | Z | X | C | D |
| H | F | P | N | R | R | Q | W | A | D | B | F |
| N | A | E | A | G | I | F | T | I | G | A | K |
| B | B | U | D | J | I | Y | F | S | A | U | Ä |
| K | R | Ö | T | E | F | Ü | Z | Ö | B | M | R |

**Kannst du alle Wörter unten im Wortsuchrätsel links finden?**

| | | |
|---|---|---|
| HAUT | GOLIATH | KRÖTE |
| KAULQUAPPE | BAUM | AMPHIBIEN |
| FROSCH | EIER | GIFTIG |

# LÖSUNG

|   |   | K | A |   | F |   |   | E |   |
|---|---|---|---|---|---|---|---|---|---|
| G |   | A | M |   |   | R |   | I |   |
|   | O | U | P |   |   |   | O | E |   |
|   |   | L | H |   |   |   | S | R |   |
|   |   | Q | I |   |   |   |   | C |   |
|   |   | U | B | A |   |   |   |   | H |
|   |   | A | I |   | T |   |   |   |   |
|   |   | P | E |   | H |   |   |   |   |
| H |   | P | N |   |   |   |   | B |   |
|   | A | E |   | G | I | F | T | I | A |
|   |   | U |   |   |   |   |   | U |   |
| K | R | Ö | T | E |   |   |   | M |   |

# QUELLEN

"Frog Fact Sheet | Blog | Nature | PBS". 2021. Nature. https://www.pbs.org/wnet/nature/blog/frog-fact-sheet/.

"Frog - Wikipedia". 2023. En.Wikipedia.Org. https://en.wikipedia.org/wiki/Frog.

Lifeforms, Animals, and 40 Facts. 2017. "40 Interesting Frog Facts - Serious Facts". Serious Facts. https://seriousfacts.com/frog-facts/.

"Darwin's Frog | Amphibian". 2023. Encyclopedia Britannica. https://www.britannica.com/animal/Darwins-frog.

"Common Frog | Amphibian". 2023. Encyclopedia Britannica. https://www.britannica.com/animal/common-frog.

"Frog | Definition, Species, Habitat, Classification, & Facts". 2022. Encyclopedia Britannica. https://www.britannica.com/animal/frog.

"Poison Dart Frog - Wikipedia". 2022. En.Wikipedia.Org. https://en.wikipedia.org/wiki/Poison_dart_frog.

"What's The Difference Between A Frog And A Toad?". 2023. Encyclopedia Britannica. https://www.britannica.com/story/whats-the-difference-between-a-frog-and-a-toad.

Trust, Woodland. 2023. "What Is The Difference Between A Frog And A Toad?". Woodland Trust.

"Gastric-Brooding Frog - Wikipedia". 2023. En.Wikipedia.Org. https://en.wikipedia.org/wiki/Gastric-brooding_frog.

"The Dumpy Frog - Australian Geographic". 2016. Australian Geographic. https://www.australiangeographic.com.au/topics/wildlife/2016/10/dumpy-frog/.

"Australia's Native Frogs". 2023. The Australian Museum. https://australian.museum/learn/animals/frogs/.

"Amphibians Of Europe: A List Of Amazing European Amphibians - Pictures & Facts". 2018. Active Wild. https://www.activewild.com/amphibians-europe/.

Wir hoffen du hast ein paar spannende Fakten über Frösche gelernt!
Welcher war dein Favorit? Wir würden das gerne von dir in einer Bewertung erfahren.

Besuche uns auf:
www.bellanovabooks.com/books/deutsch
für noch mehr großartige Bücher and Geschenke!

# Auch von Jenny Kellett

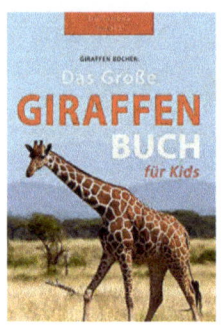

## ... und viele mehr!

## Erhältlich in allen bekannten online Buchhandlungen